TASTE OF THAILAND: CHILDREN'S COOKING BOOK

TABLE OF CONTENTS

INTRODUCTION

Hello, my name is Mint and I am 12 years old. I was born and raised in a small city in Thailand called Bo Win, Sriracha. I love spicy Thai food and want to share my favorite Thai food so you can enjoy them too. Thai cuisine is a vibrant and flavorful blend of sweet, sour, salty, and spicy flavors, focusing on fresh herbs and vegetables.

A Thai cooking recipe book is the perfect guide for those who want to bring the delicious taste of Thai food into their kitchen. This book will take you on a culinary journey through the diverse regions of Thailand, introducing you to traditional dishes and ingredients, as well as modern twists on classic recipes. You will learn about the essential herbs and spices that give Thai food its distinctive flavor and how to use them in your cooking.

With step-by-step instructions and mouthwatering photographs, this recipe book will help you create authentic Thai dishes that will impress you. Whether you're a seasoned cook or a beginner, this book will inspire you to explore the world of Thai cuisine and discover the delicious flavors and aromas that make it so beloved around the globe.

TRANSLATION (การแปล)

อาหารไทยเป็นอาหารที่ผสมผสานรสชาติหวาน เปรี้ยว เค็ม เผ็ด โดยเน้นที่สมุนไพรและผักสด หนังสือสูตรการทำอาหารไทยเป็นคู่มือที่สมบูรณ์แบบสำหรับผู้ที่ต้องการนำอาหารไทยรสชาติอร่อยมาสู่ครัวของพวกเขา

หนังสือเล่มนี้จะพาคุณท่องไปในเส้นทางการทำอาหารผ่านภูมิภาคที่หลากหลายของประเทศไทย แนะนำคุณเกี่ยวกับอาหารและส่วนผสมแบบดั้งเดิม ตลอดจนการพลิกโฉมสูตรอาหารคลาสสิกสมัยใหม่ คุณจะได้เรียนรู้เกี่ยวกับสมุนไพรและเครื่องเทศที่สำคัญที่ทำให้อาหารไทยมีรสชาติที่โดดเด่นและวิธีการใช้ในการปรุงอาหารของคุณ

ด้วยคำแนะนำทีละขั้นตอนและรูปถ่ายที่ชวนให้น้ำลายสอ หนังสือสูตรอาหารเล่มนี้จะช่วยให้คุณสร้างสรรค์อาหารไทยต้นตำรับที่จะทำให้คุณประทับใจ ไม่ว่าคุณจะเป็นผู้ปรุงอาหารที่ช่ำชองหรือมือใหม่ หนังสือเล่มนี้จะเป็นแรงบันดาลใจให้คุณสำรวจโลกของอาหารไทยและค้นพบรสชาติและกลิ่นที่อร่อยซึ่งทำให้อาหารไทยเป็นที่ชื่นชอบของคนทั่วโลก

PANANG CURRY WITH CHICKEN PANANG GAI(พะแนงไก)

INGREDIENTS (ส่วนผสม)

- 500g (1 lb.) chicken (ไก่ 500g)
- 3 tbsp. panang curry paste (พริกแกงพะแนง 3 ช้อนโต๊ะ)
- 2 tbsp. fish sauce (น้ำปลา 2 ช้อนโต๊ะ)
- 1 Can of coconut milk (กะทิ 1 กระป๋อง)
- 3 tbsp. palm sugar (น้ำตาลปี๊บ 3 ช้อนโต๊ะ)
- 6 kaffir lime leaves (ใบมะกรูด 6 ใบ)
- 1 tsp. of Thai garlic (chopped) (กระเทียมไทย 1 ช้อนโต๊ะ (สับ)
- 10-15 Thai sweet basil leaves (โหระพาไทย 10-15 ใบ)
- 200g (1/2 lb.) small eggplants (มะเขือม่วงลูกเล็ก 200 กรัม)
- 2 large red Thai chilies (garnish) (พริกชี้ฟ้าแดง 2 เม็ด (หั่นสำหรับโรยหน้า)

INSTRUCTIONS

1. Cut the chicken into edible chunks (about 1 inch). Shred both the kaffir lime leaves and the basil leaves, making sure the basil leaves are shredded quite fine. (หั่นไก่เป็นชิ้นพอคำ (ประมาณ 1 นิ้ว) ฉีกทั้งใบมะกรูดและใบโหระพา ให้แน่ใจว่าใบโหระพาเป็นฝอยค่อนข้างละเอียด).
2. Heat half the coconut milk in a wok till the oil appears on the surface. Then add the curry paste and stir continuously till the red oil separates. (นำกะทิครึ่งถ้วยตั้งไฟให้ร้อนจนมีน้ำมันปรากฏบนผิว จากนั้นใส่พริกแกงลงไปผัดต่อจนน้ำมันแดงแตกตัว).
3. Add the chicken and cook for about five minutes till it's done. Then Add the shredded kaffir lime leaves and basil leaves and stir fry for a couple of minutes. (เพิ่มไก่และปรุงอาหารประมาณห้านาทีจนเสร็จ จากนั้นใส่ใบมะกรูดและใบโหระพาลงไปผัดสักสองสามนาที)
4. Garnish with sliced red chilies. Serve hot accompanied by Thai jasmine rice. (โรยหน้าด้วยพริกแดงหั่นบาง ๆ เสิร์ฟร้อนพร้อมกับข้าวหอมมะลิไทย).

CHICKEN MASSAMAN CURRY WITH PINEAPPLE GAENG MASSAMAN GAI (แกงมัสมั่นไก่)

SERVES
4 (บริการ: 4)

COOK
15 minutes (เวลาทำอาหาร: 15 นาที)

PREP
5 minutes (เวลาเตรียม: 5 นาที)

INGREDIENTS (ส่วนผสม)

- 4 boneless, skinless chicken thighs, cut into bite-size pieces (สะโพกไก่ไม่มีกระดูก 4 ชิ้น หั่นเป็นชิ้นขนาดพอดีคำ)
- 1 onion, finely chopped (หัวหอม 1 หัว สับละเอียด)
- 3 cloves of garlic, minced (กระเทียมสับ 3 กลีบ)
- 1 tbsp. grated ginger (ขิงขูด 1 ช้อนโต๊ะ)
- 2 tbsp. Massaman curry paste (กะทิ 1 กระป๋อง (14 ออนซ์)
- 1 can (14 ounces) coconut milk (น้ำซุปไก่ 1 ถ้วยตวง)
- 1 cup chicken broth (น้ำซุปไก่ 1 ถ้วยตวง)
- 2 tbsp. fish sauce (น้ำปลา 2 ช้อนโต๊ะ)
- 2 tbsp. brown sugar (น้ำตาลทรายแดง 2 ช้อนโต๊ะ)
- 1 tbsp. tamarind paste (น้ำพริกมะขาม 1 ช้อนโต๊ะ)
- 1 large potato, peeled and cut into bite-size chunks (มันฝรั่งหัวใหญ่ 1 หัว ปอกเปลือกแล้วหั่นเป็นชิ้นพอดีคำ)
- 1 cup pineapple chunks (fresh or canned) (สับปะรด 1 ถ้วยตวง (สดหรือกระป๋อง)
- 1/4 cup roasted peanuts, chopped (ถั่วลิสงคั่วสับ 1/4 ถ้วยตวง)
- Fresh cilantro, for garnish (ผักชีสดสำหรับโรยหน้า)

INSTRUCTIONS

1. In a large pot or Dutch oven, heat a little oil over medium-high heat. Add the chicken and cook for about 5 minutes, or until browned on all sides. Remove the chicken from the pot and set aside. (ในหม้อขนาดใหญ่หรือเตาอบแบบดัตช์ ตั้งน้ำมันเล็กน้อยบนไฟร้อนปานกลาง ใส่ไก่และปรุงอาหารประมาณ 5 นาทีหรือจนเป็นสีน้ำตาลทุกด้าน นำไก่ออกจากหม้อพักไว้
2. In the same pot, add the onion, garlic, and ginger and sauté for a few minutes until softened. (ใส่หัวหอม กระเทียม และขิงลงในหม้อใบเดิม แล้วผัดสักครู่จนนิ่ม
3. Stir in the Massaman curry paste and cook for 1 minute. (ใส่พริกแกงมัสมั่นลงไปผัด 1 นาที)
4. Add the coconut milk, chicken broth, fish sauce, brown sugar, and tamarind paste to the pot and bring to a simmer. (ใส่กะทิ น้ำซุปไก่ น้ำปลา น้ำตาลทรายแดงและมะขามลงในหม้อแล้วนำไปเคี่ยว)
5. Add the chicken and potato to the pot and bring back to a simmer. (ใส่ไก่และมันฝรั่งลงในหม้อแล้วนำกลับไปเคี่ยว)
6. Reduce the heat to low and let the curry simmer for 15-20 minutes, or until the chicken and potato are cooked through. (ลดความร้อนให้ต่ำและปล่อยให้แกงกะหรี่เคี่ยวประมาณ 15-20 นาทีหรือจนกว่าไก่และมันฝรั่งจะสุก)
7. Stir in the pineapple and cook for a few minutes until heated through. (ผัดสับปะรดและปรุงอาหารสักสองสามนาทีจนร้อนผ่าน)
8. Serve the curry over rice and garnish with chopped peanuts and cilantro. (เสิร์ฟแกงกะหรี่บนข้าวและโรยหน้าด้วยถั่วลิสงสับและผักชี)

CHICKEN GREEN CURRY GAENG KIEW-WAN GAI (แกง เกียว-วาน ไกร)

INGREDIENTS (ส่วนผสม)

- 4 boneless, skinless chicken breasts, cut into bite-size pieces (อกไก่ไม่มีกระดูกไม่มีหนัง 4 ชิ้น หั่นเป็นชิ้นขนาดพอดีคำ)
- 2 cups of coconut milk (หัวกะทิ 2 ถ้วยตวง)
- 1 cup of chicken stock (น้ำสต๊อกไก่ 1 ถ้วยตวง)
- 2 tbsp. of green curry paste (2 ช้อนโต๊ะ ของพริกแกงเขียวหวาน)
- 2 tbsp. of fish sauce (2 ช้อนโต๊ะ ของน้ำปลา)
- 1 tbsp. of palm sugar (1 ช้อนโต๊ะ ของน้ำตาลปี๊บ)
- 2 kaffir lime leaves (ใบมะกรูด 2 ใบ)
- 1 red bell pepper, sliced (พริกหยวกแดง 1 เม็ด หั่นบาง ๆ)
- 1 green bell pepper, sliced (พริกหยวกเขียว 1 เม็ด หั่นบาง ๆ)
- 1 cup of Thai eggplants, halved (มะเขือเปราะผ่าครึ่ง 1 ถ้วยตวง)
- 1/4 cup of fresh basil leaves (ใบโหระพาสด 1/4 ถ้วยตวง)
- 1 tbsp. of vegetable oil (1 ช้อนโต๊ะ ของน้ำมันพืช)

INSTRUCTIONS

1. Heat the oil in a large pan or wok over medium heat. (ตั้งน้ำมันในกระทะขนาดใหญ่หรือตั้งกระทะบนไฟร้อนปานกลาง)
2. Add the green curry paste and cook for 1-2 minutes, or until fragrant.(ใส่พริกแกงเขียวหวานลงไป ผัดประมาณ 1-2 นาที หรือจนมีกลิ่นหอม)
3. Add the chicken and stir-fry for 5-7 minutes, or until cooked through. (ใส่ไก่ลงไปผัดประมาณ 5-7 นาที หรือจนสุก)
4. Add the coconut milk, chicken stock, fish sauce, palm sugar, and kaffir lime leaves. Bring to a boil, then reduce the heat and simmer for 10 minutes. (ใส่หัวกะทิ น้ำสต๊อกไก่ น้ำปลา น้ำตาลปี๊บ ใบมะกรูด นำไปต้มแล้วลดความร้อนและเคี่ยวเป็นเวลา 10 นาที)
5. Add the bell peppers and Thai eggplants and continue to simmer for another 5 minutes or until the vegetables are tender. (ใส่พริกหยวกและมะเขือเปราะลงไป เคี่ยวต่ออีก 5 นาทีหรือจนกว่าผักจะนิ่ม)
6. Stir in the basil leaves and remove from heat. (ใส่ใบกะเพราลงไปผัด ปิดไ)
7. Serve with steamed rice. (เสิร์ฟพร้อมข้าวสวย)

CHICKEN IN COCONUT MILK SOUP WITH GALANGAL TOM-KA GAI (ทอม-คา ไก)

SERVES
4 (บริการ: 4)

COOK
20 minutes
(20 นาที)

PREP
15 minutes
(15 นาที)

INGREDIENTS (ส่วนผสม)

- 4 boneless, skinless chicken breasts, cut into bite-size pieces (อกไก่ไม่มีกระดูกไม่มีหนัง 4 ชิ้น หั่นเป็นชิ้นขนาดพอดีคำ)
- 2 cups of coconut milk (หัวกะทิ 2 ถ้วยตวง)
- 1 cup of chicken stock (น้ำสต๊อกไก่ 1 ถ้วยตวง)
- 2 tbsps. of fish sauce (2 ช้อนโต๊ะ ของน้ำปลา)
- 2 tbsps. of palm sugar (2 ช้อนโต๊ะของน้ำตาลมะพร้าว)
- 2 tbsps. of chopped lemongrass (2 ช้อนโต๊ะ ตะไคร้สับ)
- 2 tbsps. of chopped galangal (2 ช้อนโต๊ะ ของข่าสับ)
- 2 kaffir lime leaves (ใบมะกรูด 2 ใบ)
- 1 red bell pepper, sliced (พริกหยวกแดง 1 เม็ด หั่นบาง)
- 1 green bell pepper, sliced (พริกหยวกเขียว 1 เม็ด หั่นบาง)
- 1/4 cup of fresh cilantro leaves (ใบผักชีสด 1/4 ถ้วยตวง)
- 1 tbsp. of vegetable oil (1 ช้อนโต๊ะ ของน้ำมันพืช)

INSTRUCTIONS

1. Heat the oil in a large pot over medium heat. (ตั้งน้ำมันในหม้อใบใหญ่บนไฟร้อนปานกลาง)
2. Add the lemongrass, galangal, and kaffir lime leaves and cook for 1-2 minutes or until fragrant. (ใส่ตะไคร้ ข่า ใบมะกรูด ต้มประมาณ 1-2 นาที หรือจนมีกลิ่นหอม)
3. Add the chicken and stir-fry for 5-7 minutes, or until cooked through. (ใส่ไก่ลงไปผัดประมาณ 5-7 นาที หรือจนสุก)
4. Add the chicken stock, coconut milk, fish sauce and palm sugar. Bring to a boil, then reduce the heat and simmer for 10 minutes. (ใส่น้ำสต๊อกไก่ กะทิ น้ำปลาและน้ำตาลมะพร้าว นำไปต้มจากนั้นลดความร้อนและเคี่ยวเป็นเวลา 10 นาที)
5. Add the bell peppers and continue to simmer for another 5 minutes or until the vegetables are tender. (เพิ่มพริกหยวกและเคี่ยวต่อไปอีก 5 นาทีหรือจนกว่าผักจะนุ่ม)
6. Stir in the cilantro leaves and remove from heat. (ผัดใบผักชีและลบจากความร้อน)
7. Serve with steamed rice. (เสิร์ฟพร้อมข้าวสวย)

CLEAR SPICY PRAWN SOUP TOM YUM GOONG NAM SAI (ซุปกุ้งรสเผ็ด)

INGREDIENTS (ส่วนผสม)

- 1 lb. large prawns, peeled and deveined (1 ปอนด์ กุ้งตัวใหญ่ปอกเปลือกและหั่น)
- 2 cups chicken broth (น้ำซุปไก่ 2 ถ้วยตวง)
- 2 cups water (น้ำเปล่า 2 ถ้วยตวง)
- 1 onion, chopped (1 หัวหอมสับ)
- 2 cloves garlic, minced (กระเทียม 2 กลีบ สับละเอียด)
- 2 red chili peppers, seeded and finely chopped (พริกชี้ฟ้าแดง 2 เม็ด เมล็ดและสับละเอียด)
- 1 tbsp. fish sauce (น้ำปลา 1 ช้อนโต๊ะ)
- 1 tsp. sugar (1 ช้อนชา น้ำตาล)
- 1 tbsp. lime juice (น้ำมะนาว 1 ช้อนโต๊ะ)
- 2 tbsp. cilantro, chopped (ผักชีสับ 2 ช้อนโต๊ะ)
- Salt and pepper to taste (เกลือและพริกไทยเพื่อลิ้มรส)

INSTRUCTIONS

1. In a large pot, bring the chicken broth and water to a boil. (ในหม้อขนาดใหญ่ นำน้ำซุปไก่และน้ำไปต้ม)
2. Add the onion, garlic, and chili peppers to the pot and reduce the heat to medium. (ใส่หัวหอมกระเทียมและพริกลงในหม้อและลดความร้อนลงเหลือปานกลาง)
3. Simmer for 5 minutes, until the vegetables are soft. (เคี่ยวประมาณ 5 นาทีจนผักนิ่ม)
4. Add the prawns to the pot and cook for 3-4 minutes, until they turn pink. (ใส่กุ้งลงในหม้อแล้วปรุงประมาณ 3-4 นาทีจนเปลี่ยนเป็นสีชมพู)
5. Remove the pot from heat, and stir in the fish sauce, sugar, and lime juice. (นำหม้อออกจากเตาแล้วคนในน้ำปลาน้ำตาลและน้ำมะนาว)
6. Season with salt and pepper to taste. (ปรุงรสด้วยเกลือและพริกไทยเพื่อลิ้มรส)
7. Ladle the soup into bowls, garnish with cilantro, and serve hot. (ทัพพีซุปลงในชามโรยหน้าด้วยผักชีและเสิร์ฟร้อน)

CLEAR SOUP WITH CHICKEN, PORK AND SHRIMP GAENG JUED SAM GA-SAT (ซุปใสไก่ หมู และกุ้ง)

INGREDIENTS (ส่วนผสม)

- 4 cups of chicken broth (น้ำซุปไก่ 4 ถ้วยตวง)
- 4 cups of water (น้ำเปล่า 4 ถ้วยตวง)
- 2 tbsp. vegetable oil (น้ำมันพืช 2 ช้อนโต๊ะ)
- 1 small onion, peeled and chopped (หัวหอมเล็ก 1 หัว ปอกเปลือกและสับ)
- 1 garlic clove, peeled and minced (กระเทียม 1 กลีบ ปอกเปลือกและสับ)
- 1/2 pound of boneless chicken, cut into cubes (ไก่ไม่มีกระดูก 1/2 ปอนด์ หั่นเป็นก้อน)
- 1/2 pound of pork, cut into cubes (หมู 1/2 ปอนด์ หั่นเป็นก้อน)
- 1/2 pound of shrimp, peeled and deveined (กุ้ง 1/2 ปอนด์ ปอกเปลือกและหั่นเป็นเนื้อ)
- 2 tbsp. of soy sauce (ซีอิ๊วขาว 2 ช้อนโต๊ะ)
- 2 tbsp. of white vinegar (น้ำส้มสายชูขาว 2 ช้อนโต๊ะ)
- 2 tbsp. of cornstarch (แป้งข้าวโพด 2 ช้อนโต๊ะ)
- 1 tsp. of sugar (น้ำตาลทราย 1 ช้อนชา)
- Salt and pepper to taste (เกลือและพริกไทยเพื่อลิ้มรส)

INSTRUCTIONS

1. Heat the vegetable oil in a large pot over medium heat. (ตั้งน้ำมันพืชในหม้อขนาดใหญ่บนไฟร้อนปานกลาง)
2. Add the onion and garlic and sauté for a few minutes until the onion is translucent. (ใส่หัวหอมและกระเทียมและผัดสักสองสามนาทีจนหัวหอมโปร่งแสง)
3. Add the chicken, pork and shrimp and cook until they are no longer pink. (ใส่ไก่ หมู และกุ้งลงไป แล้วปรุงจนไม่เป็นสีชมพูอีกต่อไป)
4. Pour in the chicken broth and water and bring to a boil. (เทน้ำซุปไก่และน้ำแล้วนำไปต้ม)
5. Reduce the heat and simmer for 10 minutes. (ลดความร้อนและเคี่ยวเป็นเวลา 10 นาที)
6. Add the soy sauce, white vinegar, cornstarch, sugar, salt, and pepper. (ใส่ซีอิ๊วขาว น้ำส้มสายชูขาว แป้งข้าวโพด น้ำตาล เกลือ และพริกไทย)
7. Simmer for another 10 minutes or until the soup is thickened. (เคี่ยวต่ออีก 10 นาทีหรือจนกว่าซุปจะข้น)
8. Serve hot. (เสิร์ฟร้อน)

THAI SPICY SALAD (สลัดเผ็ดไทย)

GREEN PAPAYA SALAD (สลัดมะละกอเขียว)

INGREDIENTS (ส่วนผสม)

- 1 large green papaya, peeled and shredded (มะละกอดิบ 1 ลูกใหญ่ ปอกเปลือกและหั่นฝอย)
- 1 tbsp. Dried shrimp, grounded (1 ช้อนโต๊ะ กุ้งแห้งบด)
- 1/4 cup cherry tomatoes, halved (มะเขือเทศเชอรี่ผ่าครึ่ง 1/4 ถ้วยตวง)
- 1/4 cup diced long beans or green beans (ถั่วฝักยาวหรือถั่วเขียวหั่นเต๋า 1/4 ถ้วยตวง)
- 1/4 cup chopped peanuts (ถั่วลิสงสับ 1/4 ถ้วยตวง)
- 2 cloves of garlic, minced (กระเทียมสับละเอียด 2 กลีบ)
- 2 tbsp. fish sauce (2 ช้อนโต๊ะ น้ำปลา)
- 2 tbsp. lime juice (2 ช้อนโต๊ะ น้ำมะนาว)
- 1 tbsp. sugar (ช้อนโต๊ะน้ำตาล)
- 1/4 tsp. chili flakes (optional) (1/4 ช้อนชา พริกป่น (ไม่จำเป็น))

INSTRUCTIONS

1. In a large mixing bowl, combine the green papaya, dried shrimp, tomatoes, long beans or green beans and peanuts.(ในชามผสมขนาดใหญ่รวมมะละกอสีเขียวกุ้งแห้งมะเขือเทศถั่วยาวหรือถั่วเขียวและถั่วลิสง)
2. In a small mixing bowl, whisk together the garlic, fish sauce, lime juice, sugar and chili flakes (if using).(ในชามผสมขนาดเล็ก ตีกระเทียม น้ำปลา น้ำมะนาว น้ำตาล และเกล็ดพริกเข้าด้วยกัน (ถ้าใช้))
3. Pour the dressing over the papaya mixture and toss until well combined. (เทน้ำสลัดลงบนส่วนผสมมะละกอแล้วโยนจนเข้ากันดี)
4. Let the salad sit for at least 15 minutes before serving to allow the flavors to meld together.(ปล่อยให้สลัดนั่งอย่างน้อย 15 นาทีก่อนเสิร์ฟเพื่อให้รสชาติเข้ากัน)
5. Serve as a side dish or enjoy as a light and refreshing meal.(เสิร์ฟเป็นเครื่องเคียงหรือรับประทานเป็นอาหารเบา ๆ และสดชื่น)

SPICY GRILLED PORK SALAD YUM MOO-YARNG (ยำหมู่เส้นด้าย)

SERVES
4 (บริการ: 4)

COOK
20 minutes
(20 นาที)

PREP
20 minutes
(20 นาที)

INGREDIENTS (ส่วนผสม)

- 1 pound pork tenderloin (เนื้อสันในหมู 1 ปอนด์)
- 2 tbsp. olive oil (2 ช้อนโต๊ะน้ำมันมะกอก)
- 2 tsp. chili powder (พริกป่น 2 ช้อนชา)
- 1 tsp. cumin (ยี่หร่า 1 ช้อนชา)
- 1/2 tsp. smoked paprika (พริกหยวกรมควัน 1/2 ช้อนชา)
- Salt and pepper, to taste (เกลือและพริกไทยเพื่อลิ้มรส)
- 4 cups mixed greens (ผักใบเขียว 4 ถ้วย)
- 1 red bell pepper, sliced (พริกหยวกแดง 1 เม็ด หั่นบาง)
- 1/2 red onion, sliced (1/2 หัวหอมแดงหั่นบาง)
- 1/4 cup cilantro, chopped (ผักชีสับ 1/4 ถ้วยตวง)
- 1/4 cup lime juice (น้ำมะนาว 1/4 ถ้วยตวง)
- 2 tbsp. honey (น้ำผึ้ง 2 ช้อนโต๊ะ)
- 2 tbsp. olive oil (2 ช้อนโต๊ะน้ำมันมะกอก)
- 1 clove garlic, minced (กระเทียม 1 กลีบสับละเอียด)

INSTRUCTIONS

1. In a small bowl, mix together the olive oil, chili powder, cumin, smoked paprika, salt and pepper. Rub the mixture all over the pork tenderloin.(ในชามขนาดเล็กผสมน้ำมันมะกอก, ผงพริก, ยี่หร่า, พริกขี้หนูรมควัน, เกลือและพริกไทยเข้าด้วยกัน ถูส่วนผสมให้ทั่วเนื้อสันในหมู)
2. Heat your grill to medium-high heat and grill the pork for about 8-10 minutes per side, or until cooked through.(ตั้งเตาย่างให้ร้อนปานกลางถึงสูงแล้วย่างหมูประมาณ 8-10 นาทีต่อด้านหรือจนสุก)
3. Remove the pork from the grill and let it rest for a few minutes before slicing it into thin strips.(นำเนื้อหมูออกจากตะแกรงแล้วพักไว้สักครู่ก่อนหั่นเป็นเส้นบาง ๆ)
4. In a large bowl, combine the mixed greens, red bell pepper, red onion, and cilantro. (ในชามขนาดใหญ่รวมผักใบเขียวพริกหยวกแดงหัวหอมแดงและผักชี)
5. In a small bowl, whisk together the lime juice, honey, olive oil, and minced garlic. (ในชามขนาดเล็ก, ปัดน้ำมะนาว, น้ำผึ้ง, น้ำมันมะกอก, และกระเทียมสับ.)
6. Drizzle the dressing over the salad and toss to combine.(หยดน้ำสลัดลงบนสลัดแล้วโยนให้เข้ากัน)
7. Top the salad with the sliced pork and serve.(โรยหน้าสลัดด้วยหมูหั่นบาง ๆ แล้วเสิร์ฟ)

SPICY PORK SALAD WITH ROASTED RICE LARB MOO (ลาร์บมู)

INGREDIENTS (ส่วนผสม)

- 1 lb. boneless pork loin, cut into thin strips (หมูสันนอกไม่มีกระดูก 1 ปอนด์ หั่นเป็นเส้นบางๆ)
- 1 tbsp. olive oil (1 ช้อนโต๊ะน้ำมันมะกอก)
- 1 tsp. chili powder (ช้อนชา พริกป่น)
- 1 tsp. cumin (ยี่หร่า 1 ช้อนชา)
- 1 tsp. salt (เกลือ 1 ช้อนชา)
- 1/4 tsp. black pepper (พริกไทยดำ 1/4 ช้อนชา)
- 1/4 cup rice vinegar (น้ำส้มสายชูข้าว 1/4 ถ้วยตวง)
- 2 tbsp. Honey (2 ช้อนโต๊ะ น้ำผึ้ง)
- 1 tbsp. fish sauce (น้ำปลา 1 ช้อนโต๊ะ)
- 1 tbsp. lime juice (น้ำมะนาว 1 ช้อนโต๊ะ)
- 1 tbsp. sesame oil (น้ำมันงา 1 ช้อนโต๊ะ)
- 1/4 cup chopped cilantro (ผักชีสับ 1/4 ถ้วยตวง)
- 1/4 cup chopped mint (สะระแหน่สับ 1/4 ถ้วย)
- 1 head of lettuce, chopped (ผักกาดหอม 1 หัวสับ)
- 1 red onion, sliced (1 หัวหอมแดงหั่นบาง ๆ)
- 1 cup uncooked jasmine rice (ข้าวหอมมะลิดิบ 1 ถ้วย)

INSTRUCTIONS

1. In a large bowl, combine pork, olive oil, chili powder, cumin, salt, and pepper. Toss to coat the pork evenly.(ในชามขนาดใหญ่รวมหมูน้ำมันมะกอกผงพริกยี่หร่าเกลือและพริกไทย โยนเพื่อเคลือบหมูให้เท่ากัน)
2. Heat a large skillet over high heat. Add the pork and cook for 5-7 minutes, or until browned and cooked through.(ตั้งกระทะขนาดใหญ่ให้ร้อนด้วยไฟแรง เพิ่มหมูและปรุงอาหารประมาณ 5-7 นาทีหรือจนเป็นสีน้ำตาลและสุกทั่ว)
3. In a small bowl, whisk together rice vinegar, honey, fish sauce, lime juice, and sesame oil.(ในชามขนาดเล็ก, ปัดเข้าด้วยกันน้ำส้มสายชูข้าว, น้ำผึ้ง, น้ำปลา, น้ำมะนาว, และน้ำมันงา.)
4. In a separate pot, bring 2 cups of water to a boil. Add the jasmine rice and reduce the heat to low. Cover and simmer for 18-20 minutes, or until all the water has been absorbed and the rice is tender.(ในหม้อแยกต่างหากนำน้ำ 2 ถ้วยไปต้ม เพิ่มข้าวหอมมะลิและลดความร้อนให้ต่ำ ปิดฝาและเคี่ยวประมาณ 18-20 นาทีหรือจนกว่าน้ำจะถูกดูดซึมและข้าวนุ่ม)
5. Once the rice is done, remove it from heat and fluff it with a fork.(เมื่อข้าวเสร็จแล้วให้นำออกจากเตาแล้วใช้ส้อม)
6. In a large bowl, combine cooked rice, cilantro, mint, lettuce, and red onion. (ในชามขนาดใหญ่รวมข้าวสุกผักชีสะระแหน่ผักกาดหอมและหัวหอมแดง)
7. Add the pork to the bowl and pour the dressing over the top. Toss to combine. (เพิ่มหมูลงในชามแล้วเทน้ำสลัดลงไปด้านบน โยนเพื่อรวม)
8. Serve immediately and enjoy! (เสิร์ฟทันทีและสนุกได้เลย!)

DESSERT (ขนม)

SERVES
4 (บริการ: 4)

COOK
0 minutes
(0 นาที)

PREP
40 minutes
(40 นาที)

STICKY RICE WITH MANGO KAO-NIEW MA-MUANG (เกาเนียว มา-เมือง)

INGREDIENTS (ส่วนผสม)

- 2 cups glutinous rice (ข้าวเหนียว 2 ถ้วยตวง)
- 2 cups water (น้ำเปล่า 2 ถ้วยตวง)
- 1/2 tsp. salt (เกลือ 1/2 ช้อนชา)
- 2 ripe mangoes, peeled and sliced (มะม่วงสุก 2 ลูก ปอกเปลือกและหั่นบาง)
- 1/4 cup sugar (น้ำตาลทราย 1/4 ถ้วยตวง)
- 1/4 cup coconut milk (กะทิ 1/4 ถ้วยตวง)
- 1 tbsp. toasted sesame seeds (optional) (งาคั่ว 1 ช้อนโต๊ะ (ไม่จำเป็น))

INSTRUCTIONS

1. Rinse the glutinous rice in a fine-mesh strainer under running water for about 2 minutes, until the water runs clear.(ล้างข้าวเหนียวในที่กรองตาข่ายละเอียดใต้น้ำไหลประมาณ 2 นาทีจนกว่าน้ำจะใส)
2. In a medium saucepan, bring the water and salt to a boil. Add the rinsed rice, reduce the heat to low, and cover the saucepan with a tight-fitting lid. Simmer for 18-20 minutes, or until the water is absorbed and the rice is tender.(ในกระทะขนาดกลางนำน้ำและเกลือไปต้ม เพิ่มข้าวที่ล้างแล้วลดความร้อนให้ต่ำและปิดฝากระทะด้วยฝาปิดที่แน่น เคี่ยวประมาณ 18-20 นาทีหรือจนกว่าน้ำจะถูกดูดซึมและข้าวนุ่ม)
3. Remove the saucepan from the heat and let the rice sit, covered, for 10 minutes.(นำกระทะออกจากความร้อนแล้วปล่อยให้ข้าวนั่งปิดฝาเป็นเวลา 10 นาที)
4. In a small saucepan, combine the sugar and coconut milk. Cook over medium heat, stirring occasionally, until the sugar has dissolved.(ในกระทะขนาดเล็กรวมน้ำตาลและกะทิ ปรุงอาหารด้วยไฟปานกลางกวนเป็นครั้งคราวจนน้ำตาลละลาย)
5. Fluff the cooked rice with a fork and stir in the sugar-coconut milk mixture. (หุงข้าวสุกด้วยส้อมแล้วคนให้เข้ากันในส่วนผสมของน้ำตาลกะทิ)
6. Serve the sticky rice in bowls, topped with sliced mangoes and a sprinkle of toasted sesame seeds, if desired.(เสิร์ฟข้าวเหนียวในชามราดด้วยมะม่วงหั่นบาง ๆ และโรยเมล็ดงาคั่วหากต้องการ)

BUTTERFLY PEA LAYERED PUDDING KANOM CHAN DOK ANCHAN (คะนอมจันทร์ดอกอัญชัน)

INGREDIENTS (ส่วนผสม)

- 1/4 cup butterfly pea powder (ผงถั่วผีเสื้อ 1/4 ถ้วยตวง)
- 1/4 cup sugar (น้ำตาลทราย 1/4 ถ้วยตวง)
- 1/2 cup water (น้ำเปล่า 1/2 ถ้วยตวง)
- 1/4 cup coconut milk (กะทิ 1/4 ถ้วยตวง)
- 1 tsp. agar-agar powder (1 ช้อนชาผงวุ้นวุ้น)

INSTRUCTIONS

1. In a saucepan, combine 1/4 cup butterfly pea powder, 1/4 cup sugar, 1/2 cup water, and 1/4 cup coconut milk.(ในกระทะรวมผงถั่วผีเสื้อ 1/4 ถ้วยน้ำตาล 1/4 ถ้วยน้ำ 1/2 ถ้วยและกะทิ 1/4 ถ้วย)
2. Bring the mixture to a boil, and then stir in 1 tsp agar-agar powder.(นำส่วนผสมไปต้มแล้วคนในผงวุ้น 1 ช้อนชา)
3. Cook for an additional 2-3 minutes, or until the mixture thickens.(ปรุงอาหารต่อไปอีก 2-3 นาทีหรือจนกว่าส่วนผสมจะข้น)
4. Pour the mixture into a 4-inch round cake pan, and let it cool for 10 minutes.(เทส่วนผสมลงในถาดเค้กกลมขนาด 4 นิ้วแล้วปล่อยให้เย็นประมาณ 10 นาที)
5. Repeat steps 1-4 for the remaining 3 layers, using different colors of butterfly pea powder each time.(ทำซ้ำขั้นตอนที่ 1-4 สำหรับ 3 ชั้นที่เหลือโดยใช้ผงถั่วผีเสื้อสีต่างๆในแต่ละครั้ง)
6. Once all layers have cooled, gently invert the pan to release the pudding.(เมื่อเลเยอร์ทั้งหมดเย็นลงแล้วให้คว่ำกระทะเบา ๆ เพื่อปล่อยพุดดิ้ง)
7. Serve and enjoy! (เสิร์ฟและสนุก!)

WATER CHESTNUT PUDDING TAGO HAEW (พุดดิ้งเกาลัด)

SERVES
4 (บริการ: 4)

COOK
45 minutes
(45 นาที)

PREP
15 minutes
(15 นาที)

INGREDIENTS (ส่วนผสม)

- 1 can (8 oz.) of water chestnuts (เกาลัดน้ำ 1 กระป๋อง (8 ออนซ์))
- 1 cup of heavy cream (ครีมหนัก 1 ถ้วย)
- 1 cup of whole milk (นมสด 1 ถ้วย)
- 3/4 cup of sugar (น้ำตาลทราย 3/4 ถ้วยตวง)
- 2 large eggs (2 ไข่ขนาดใหญ่)
- 1 tsp. vanilla extract (สารสกัดวานิลลา 1 ช้อนชา)
- 1/4 tsp. salt (เกลือ 1/4 ช้อนชา)

INSTRUCTIONS

1. Drain and finely chop the water chestnuts. (ระบายและสับเกาลัดน้ำอย่างประณีต)
2. In a medium saucepan, combine the heavy cream, whole milk and sugar. Cook over medium heat, stirring occasionally, until the sugar is dissolved.(ในกระทะขนาดกลางรวมครีมหนักนมทั้งหมดและน้ำตาล ปรุงอาหารด้วยไฟปานกลางกวนเป็นครั้งคราวจนน้ำตาลละลาย)
3. In a separate bowl, whisk together the eggs, vanilla extract, and salt. Gradually pour the hot cream mixture into the egg mixture, stirring constantly. (ในชามแยกต่างหากตีไข่สารสกัดวานิลลาและเกลือเข้าด้วยกัน ค่อยๆเทส่วนผสมครีมร้อนลงในส่วนผสมไข่คนตลอดเวลา)
4. Stir in the chopped water chestnuts. (ผัดเกาลัดน้ำสับ)
5. Pour the mixture into a greased 4-inch round cake pan or individual ramekins. (เทส่วนผสมลงในถาดเค้กกลมขนาด 4 นิ้วที่ทาไขมันหรือ ramekins แต่ละตัว)
6. Place the pan in a larger baking dish filled with hot water to create a water bath.(วางกระทะในจานอบขนาดใหญ่ที่เต็มไปด้วยน้ำร้อนเพื่อสร้างอ่างน้ำ)
7. Bake in the preheated oven at 325 degrees F (165 degrees C) for about 45 minutes or until a knife inserted into the center comes out clean.(นำเข้าอบในเตาอบอุ่นที่ 325 องศา F (165 องศาเซลเซียส) ประมาณ 45 นาทีหรือจนกว่ามีดที่สอดเข้าไปในศูนย์จะออกมาสะอาด)
8. Let it cool for about 10 minutes and then refrigerate for at least 2 hours before serving.(ปล่อยให้เย็นประมาณ 10 นาทีแล้วแช่เย็นอย่างน้อย 2 ชั่วโมงก่อนเสิร์ฟ)

COCONUT MILK JELLY WOON GATI (วุ้นกะทิ)

SERVES
4 (บริการ: 4)

COOK
10 minutes
(10 นาที)

PREP
10 minutes
(10 นาที)

INGREDIENTS (ส่วนผสม)

- 2 cups coconut milk (กะทิ 2 ถ้วยตวง)
- 1/2 cup sugar (น้ำตาลทราย 1/2 ถ้วยตวง)
- 2 tbsp. agar-agar powder (2 ช้อนโต๊ะ ผงวุ้นวุ้น)
- 1/2 tsp. vanilla extract (สารสกัดวานิลลา 1/2 ช้อนชา)
- Pinch of salt (เกลือเล็กน้อย)

INSTRUCTIONS

1. In a medium saucepan, combine the coconut milk, sugar, agar-agar powder, vanilla extract, and salt.(ในกระทะขนาดกลางรวมกะทิน้ำตาลผงวุ้นวุ้นสารสกัดวานิลลาและเกลือ)
2. Cook over medium heat, stirring constantly, until the sugar and agar-agar powder have dissolved.(ปรุงอาหารด้วยไฟปานกลางคนตลอดเวลาจนน้ำตาลและผงวุ้นวุ้นละลาย)
3. Increase the heat to high and bring the mixture to a boil.(เพิ่มความร้อนให้สูงและนำส่วนผสมไปต้ม)
4. Once boiling, reduce the heat to low and simmer for 2-3 minutes or until the agar-agar has completely dissolved.(เมื่อเดือดแล้วให้ลดความร้อนให้ต่ำและเคี่ยวประมาณ 2-3 นาทีหรือจนกว่าวุ้นวุ้นจะละลายหมด)
5. Pour the mixture into a 4-inch round cake pan or individual ramekins. (เทส่วนผสมลงในถาดเค้กกลมขนาด 4 นิ้วหรือราเมคินแต่ละอัน)
6. Allow the mixture to cool for a few minutes, then refrigerate for at least 2 hours or until set. (ปล่อยให้ส่วนผสมเย็นลงสักสองสามนาทีจากนั้นแช่เย็นอย่างน้อย 2 ชั่วโมงหรือจนกว่าจะตั้ง)
7. Once set, invert the pan to release the jelly, or scoop it out of the ramekins. (เมื่อตั้งแล้วให้คว่ำกระทะเพื่อปล่อยเยลลี่หรือตักออกจากราเมคิน)
8. Serve cold and enjoy! (เสิร์ฟเย็นและสนุก!)

TAPIOCA-COATED WATER CHESTNUT IN SYRUP AND COCONUT MILK TUBTIM GROB (ทับทิมกรอบ)

INGREDIENTS (ส่วนผสม)

- 1 cup tapioca flour (แป้งมันสำปะหลัง 1 ถ้วยตวง)
- 1/4 cup water (น้ำเปล่า 1/4 ถ้วยตวง)
- 1 lb. water chestnuts, peeled and halved
- (เกาลัดน้ำ 1 ปอนด์ปอกเปลือกและลดลงครึ่งหนึ่ง)
- 1 cup sugar (น้ำตาล 1 ถ้วย)
- 1 cup water (น้ำ 1 ถ้วย)
- 1 cup coconut milk (กะทิ 1 ถ้วย)
- 1/4 tsp. salt (เกลือ 1/4 ช้อนชา)
- 1 tsp. vanilla extract (สารสกัดวานิลลา 1 ช้อนชา)

INSTRUCTIONS

1. In a small bowl, mix together the tapioca flour and 1/4 cup of water to form a thick paste.(ในชามขนาดเล็กผสมแป้งมันสำปะหลังและน้ำ 1/4 ถ้วยเข้าด้วยกันเพื่อสร้างแป้งหนา)
2. Dip the water chestnut halves in the tapioca paste, making sure they are completely coated. (จุ่มเกาลัดน้ำครึ่งหนึ่งลงในแป้งมันสำปะหลังตรวจสอบให้แน่ใจว่าเคลือบสนิท)
3. In a large saucepan, combine the sugar, 1 cup of water, coconut milk, and salt. Bring to a boil over medium heat.(ในกระทะขนาดใหญ่รวมน้ำตาลน้ำ 1 ถ้วยกะทิและเกลือ นำไปต้มบนไฟร้อนปานกลาง)
4. Reduce the heat to low and add the vanilla extract.(ลดความร้อนให้ต่ำและเพิ่มสารสกัดวานิลลา)
5. Add the tapioca-coated water chestnuts to the saucepan and stir gently to coat them with the syrup.(เพิ่มเกาลัดน้ำเคลือบมันสำปะหลังลงในกระทะแล้วคนเบา ๆ เพื่อเคลือบด้วยน้ำเชื่อม)
6. Allow the mixture to simmer for 20-25 minutes, or until the water chestnuts are tender and the tapioca coating is translucent.(ปล่อยให้ส่วนผสมเคี่ยวประมาณ 20-25 นาทีหรือจนกว่าเกาลัดน้ำจะนุ่มและเคลือบมันสำปะหลังโปร่งแสง)
7. Remove from heat and let the chestnuts cool. (ลบจากความร้อนและปล่อยให้เกาลัดเย็น)
8. Serve the Tapioca-Coated Water Chestnuts in Syrup and Coconut Milk in bowls with the remaining syrup.(เสิร์ฟเกาลัดน้ำเคลือบมันสำปะหลังในน้ำเชื่อมและกะทิในชามพร้อมน้ำเชื่อมที่เหลือ)

STIR FRY (ผัด)

SERVES
4 (บริการ: 4)

COOK
20 minutes
(20 นาที)

PREP
25 minutes
(25 นาที)

SWEET AND SOUR PORK WITH CUCUMBER, TOMATO, AND PINEAPPLE PAD PRIEW-WAN MOO (แพด พรีว-วานมู)

INGREDIENTS (ส่วนผสม)

- 1 lb. pork loin, cut into 1-inch cubes (เนื้อซี่โครงหมู 1 ปอนด์ หั่นเป็นก้อนขนาด 1 นิ้ว)
- 1/2 cup all-purpose flour (แป้งอเนกประสงค์ 1/2 ถ้วยตวง)
- 1/2 tsp. salt (เกลือ 1/2 ช้อนชา)
- 1/4 tsp. pepper (พริกไทย 1/4 ช้อนชา)
- 2 tbsp. vegetable oil (น้ำมันพืช 2 ช้อนโต๊ะ)
- 1/2 cup pineapple juice (น้ำสับปะรด 1/2 ถ้วยตวง)
- 1/4 cup rice vinegar (น้ำส้มสายชูข้าว 1/4 ถ้วยตวง)
- 2 tbsp. soy sauce (ซีอิ๊วขาว 2 ช้อนโต๊ะ)
- 2 tbsp. brown sugar (2 ช้อนโต๊ะน้ำตาลทรายแดง)
- 1 tbsp. ketchup (ซอสมะเขือเทศ 1 ช้อนโต๊ะ)
- 1 tsp. cornstarch (1 ช้อนชา. แป้งข้าวโพด)
- 1/4 cup water (น้ำเปล่า 1/4 ถ้วยตวง)
- 1/2 cup diced pineapple (สับปะรดหั่นสี่เหลี่ยมลูกเต๋า 1/2 ถ้วยตวง)
- 1/2 cup diced cucumber (แตงกวาหั่นสี่เหลี่ยมลูกเต๋า 1/2 ถ้วยตวง)
- 1/2 cup diced tomato (มะเขือเทศหั่นสี่เหลี่ยมลูกเต๋า 1/2 ถ้วยตวง)
- 1/4 cup diced onion (หัวหอมหั่นสี่เหลี่ยมลูกเต๋า 1/4 ถ้วย)
- 2 cloves garlic, minced (กระเทียม 2 กลีบสับละเอียด)
- 1 tsp. ginger, grated (ขิงขูด 1 ช้อนชา)

INSTRUCTIONS

1. In a shallow dish, mix together the flour, salt, and pepper. Dredge the pork cubes in the mixture until well coated.(ในจานตื้นผสมแป้งเกลือและพริกไทยเข้าด้วยกัน ขุดก้อนหมูในส่วนผสมจนเคลือบอย่างดี)
2. Heat the oil in a large skillet over medium-high heat. Add the pork and cook for about 5 minutes, or until browned on all sides.(ตั้งน้ำมันให้ร้อนในกระทะขนาดใหญ่บนไฟร้อนปานกลางถึงสูง เพิ่มหมูและปรุงอาหารประมาณ 5 นาทีหรือจนเป็นสีน้ำตาลทุกด้าน)
3. In a small saucepan, combine the pineapple juice, rice vinegar, soy sauce, brown sugar, and ketchup. Bring to a simmer and cook for 2-3 minutes. (ในกระทะขนาดเล็กรวมน้ำสับปะรดน้ำส้มสายชูข้าวซีอิ๊วน้ำตาลทรายแดงและซอสมะเขือเทศ นำไปเคี่ยวและปรุงอาหารประมาณ 2-3 นาที)
4. In a small bowl, mix together the cornstarch and water. Slowly pour the mixture into the saucepan with the sweet and sour sauce, stirring constantly. Allow the sauce to thicken for another 2-3 minutes.(ในชามขนาดเล็ก, ผสมแป้งข้าวโพดและน้ำเข้าด้วยกัน. ค่อยๆเทส่วนผสมลงในกระทะด้วยซอสเปรี้ยวหวานคนตลอดเวลา ปล่อยให้ซอสข้นต่อไปอีก 2-3 นาที)
5. Add the pineapple, cucumber, tomato, onion, garlic, and ginger to the skillet with the pork. Pour the sweet and sour sauce over the top and stir to coat the pork and vegetables evenly.(เพิ่มสับปะรดแตงกวามะเขือเทศหัวหอมกระเทียมและขิงลงในกระทะด้วยหมู เทซอสเปรี้ยวหวานด้านบนแล้วคนให้เข้ากันหมูและผักให้เข้ากัน)
6. Allow the mixture to cook for an additional 5-7 minutes, or until the vegetables are tender and the pork is cooked through.(ปล่อยให้ส่วนผสมสุกต่อไปอีก 5-7 นาทีหรือจนกว่าผักจะนุ่มและหมูสุก)
7. Serve the sweet and sour pork over rice and enjoy!(เสิร์ฟหมูเปรี้ยวหวานบนข้าวและเพลิดเพลิน!)

STIR-FRIED CHICKEN WITH HOLY BASIL PAD GA-PRAO GAI (ผัดกาพร้าวไกร)

SERVES
4 (บริการ: 4)

COOK
10 minutes
(10 นาที)

PREP
20 minutes
(20 นาที)

INGREDIENTS (ส่วนผสม)

- 1 lb. boneless, skinless chicken breast, sliced into thin strips(1 ปอนด์ อกไก่ไม่มีกระดูกไม่มีผิวหนังหั่นเป็นเส้นบาง ๆ)
- 2 cloves garlic, minced (กระเทียม 2 กลีบสับละเอียด)
- 1 tsp. ginger, grated (ขิงขูด 1 ช้อนชา)
- 2 tbsp. vegetable oil (น้ำมันพืช 2 ช้อนโต๊ะ)
- 1 red bell pepper, sliced (พริกหยวกแดง 1 เม็ด หั่นบาง ๆ)
- 1 onion, sliced (1 หัวหอมหั่นบาง ๆ)
- 2 cups holy basil leaves (ใบกะเพรา 2 ถ้วยตวง)
- 2 tbsp. soy sauce (ซีอิ๊วขาว 2 ช้อนโต๊ะ)
- 1 tbsp. fish sauce (น้ำปลา 1 ช้อนโต๊ะ)
- 1 tsp. sugar (1 ช้อนชา น้ำตาล)
- 1/4 tsp. black pepper (พริกไทยดำ 1/4 ช้อนชา)

INSTRUCTIONS

1. In a small bowl, mix together the soy sauce, fish sauce, sugar, and black pepper. Set aside.(ในชามขนาดเล็กผสมซีอิ๊วน้ำปลาน้ำตาลและพริกไทยดำเข้าด้วยกัน กัน)
2. Heat a wok or large skillet over high heat. Add the oil and swirl to coat the pan. (ตั้งกระทะหรือกระทะขนาดใหญ่ให้ร้อนด้วยไฟแรง เพิ่มน้ำมันและหมุนเพื่อเคลือบกระทะ)
3. Add the garlic and ginger, stir-fry for 30 seconds.(เพิ่มกระเทียมและขิงผัดเป็นเวลา 30 วินาที)
4. Add the chicken and stir-fry for 3-4 minutes, or until cooked through.(เพิ่มไก่และผัดประมาณ 3-4 นาทีหรือจนสุก)
5. Remove the chicken from the wok and set aside.(นำไก่ออกจากกระทะแล้วพักไว้)
6. Add the red bell pepper and onion to the wok and stir-fry for 2-3 minutes, or until just starting to soften.(ใส่พริกหยวกแดงและหัวหอมลงในกระทะแล้วผัดประมาณ 2-3 นาทีหรือจนเริ่มนิ่ม)
7. Add the holy basil leaves and stir-fry for another 1-2 minutes, or until just wilted. (เพิ่มใบโหระพาและผัดต่ออีก 1-2 นาทีหรือจนร่วงโรย)
8. Return the chicken to the wok and pour the sauce over the top. Stir-fry for another 1-2 minutes, or until the sauce is hot and bubbly.(นำไก่กลับไปที่กระทะแล้วเทซอสลงไปด้านบน ผัดต่ออีก 1-2 นาทีหรือจนซอสร้อนและเป็นฟอง)
9. Serve the stir-fry over rice and enjoy! (เสิร์ฟผัดบนข้าวและเพลิดเพลิน!)

PINEAPPLE FRIED RICE KAO-PAD SUPPAROD (เกา-ผัดผ่อง)

INGREDIENTS (ส่วนผสม)

- 2 tbsp. vegetable oil (2 ช้อนโต๊ะน้ำมันพืช)
- 1 cup diced onion (หัวหอมหั่นสี่เหลี่ยมลูกเต๋า 1 ถ้วย)
- 2 cloves garlic, minced (กระเทียม 2 กลีบสับละเอียด)
- 1 cup diced carrots (แครอทหั่นสี่เหลี่ยมลูกเต๋า 1 ถ้วย)
- 1 cup diced bell pepper (พริกหยวกหั่นสี่เหลี่ยมลูกเต๋า 1 ถ้วย)
- 3 cups cooked white rice (ข้าวขาวหุงสุก 3 ถ้วย)
- 1 (8-ounce) can pineapple chunks in juice, drained (1 (8 ออนซ์) สามารถสับปะรดชิ้นในน้ำผลไม้, ระบาย)
- 2 tbsp. reduced-sodium soy sauce (2 ช้อนโต๊ะลดโซเดียมซอสถั่วเหลือง)
- 2 tbsp. toasted sesame oil (2 ช้อนโต๊ะน้ำมันงาคั่ว)
- 1/4 tsp. freshly ground black pepper (พริกไทยดำป่นสด 1/4 ช้อนชา)
- 1/4 cup chopped fresh cilantro (ผักชีสดสับ 1/4 ถ้วยตวง)

INSTRUCTIONS

1. Heat the vegetable oil in a large skillet over medium-high heat. Add the onion and garlic and cook until lightly browned, about 5 minutes.(ตั้งน้ำมันพืชให้ร้อนในกระทะขนาดใหญ่บนไฟร้อนปานกลางถึงสูง เพิ่มหัวหอมและกระเทียมและปรุงอาหารจนเป็นสีน้ำตาลอ่อนประมาณ 5 นาที)
2. Add the carrots and bell pepper and cook for 5 minutes.(เพิ่มแครอทและพริกหยวกและปรุงอาหารเป็นเวลา 5 นาที)
3. Add the cooked rice, pineapple chunks, soy sauce, sesame oil, and pepper and mix well. Cook for 3 minutes.(ใส่ข้าวสุก, ชิ้นสับปะรด, ซีอิ๊วขาว, น้ำมันงา, และพริกไทยแล้วผสมให้เข้ากัน ปรุงอาหารเป็นเวลา 3 นาที)
4. Garnish with cilantro and serve. (โรยหน้าด้วยผักชีและให้บริการ)

THAI STUFFED OMLETTE KAI YAT SAI (ไก่ยัดไทร)

SERVES
2 (บริการ: 2)

COOK
15 minutes
(15 นาที)

PREP
5 minutes
(5 นาที)

INGREDIENTS (ส่วนผสม)

- 3 tbsp. Rice Bran Oil (3 ช้อนโต๊ะน้ำมันรำข้าว)
- 1 clove of garlic, pounded (กระเทียม 1 กลีบโขลก)
- 150 g (1/2 lb.) Minced Pork (150 กรัม (1/2 ปอนด์) หมูสับ)
- 1 small Carrot (small diced) (แครอทขนาดเล็ก 1 ลูก (หั่นสี่เหลี่ยมลูกเต๋าขนาดเล็ก))
- 2 tbsp. light soy sauce (ซีอิ๊วขาว 2 ช้อนโต๊ะ)
- 2 tbsp. oyster sauce (ซอสหอยนางรม 2 ช้อนโต๊ะ)
- 2 tsp. sugar (น้ำตาล 2 ช้อนชา)
- 1 white pepper (small diced) (พริกไทยขาว 1 เม็ด (หั่นสี่เหลี่ยมลูกเต๋าเล็ก ๆ))
- 1 tbsp. Ketchup (1 ช้อนโต๊ะ ซอสมะเขือเทศ)
- 1/2 Onion (small diced) (1/2 หัวหอม (หั่นสี่เหลี่ยมลูกเต๋าเล็ก ๆ))
- 2 Tomato (diced, deseeded) (2 มะเขือเทศ (หั่นสี่เหลี่ยมลูกเต๋า, หั่นสี่เหลี่ยมลูกเต๋า))
- 1 Spring Onion (sliced) (ต้นหอมซอย 1 ต้น (หั่นบาง ๆ)
- 3 Eggs (ไข่ 3 ฟอง)
- Coriander, red chili (sliced) for garnish (optional) (ผักชี, พริกแดง (หั่นบางๆ) สำหรับโรยหน้า (ไม่จำเป็น))

INSTRUCTIONS

1. Deseed and cut tomato into small diced, set them aside in a small bowl. (Deseed และหั่นมะเขือเทศเป็นหั่นสี่เหลี่ยมลูกเต๋าขนาดเล็กพักไว้ในชามขนาดเล็ก)
2. Fry garlic in oil until brown or fragrant. Add minced pork and sear well before adding carrots. (ทอดกระเทียมในน้ำมันจนเป็นสีน้ำตาลหรือมีกลิ่นหอม ใส่หมูสับและเหี่ยวให้เข้ากันก่อนใส่แครอท)
3. Add oyster sauce, light soy sauce, sugar, white pepper, and ketchup. Increase heat and add onions, diced tomatoes and spring onions. Cook Until the sauce is thickened and glossy. Remove from pan and set aside.(ใส่ซอสหอยนางรม ซีอิ๊วขาว น้ำตาล พริกไทยขาว และซอสมะเขือเทศ เพิ่มความร้อนและเพิ่มหัวหอมมะเขือเทศหั่นสี่เหลี่ยมลูกเต๋าและต้นหอม ปรุงอาหารจนซอสข้นและมันวาว นำออกจากกระทะแล้วพักไว้)
4. Wisk the three eggs together. Lower heat to medium and add oil to pan, lightly coat the entire bottom. Add the egg mix into the pan, tilt the pan around until egg mix covers the entire pan. (หวิดไข่สามฟองด้วยกัน ดความร้อนลงถึงปานกลาง แล้วเติมน้ำมันลงในกระทะเคลือบก้นทั้งหมดเบา ๆ ใส่ไข่ผสมลงในกระทะเอียงกระทะไปรอบ ๆ จนไข่ผสมครอบคลุมทั้งกระทะ)
5. After the egg appears cooked, no liquid egg remains, then add the filling that was set aside. Fold the edges of the egg towards the center to create
6. envelope. Remove from pan onto a plate.(หลังจากไข่สุกแล้วจะไม่มีไข่เหลวเหลืออยู่ จากนั้นเติมไส้ที่วางไว้พับขอบของไข่ไปทางกึ่งกลางเพื่อสร้างซองจดหมายนำออกจากกระทะลงบนจาน)
7. Garnish with coriander and chili and serve with rice or by itself.(โรยหน้าด้วยผักชีและพริกและเสิร์ฟพร้อมข้าวหรือด้วยตัวเอง)

STAUB

STIR-FRIED NOODLES WITH PRAWNS PAD THAI GOONG SOD (ผัดไทยกงสด)

COOK
15 minutes
(15 นาที)

PREP
15 minutes
(15 นาที)

INGREDIENTS (ส่วนผสม)

- 8 oz. thin rice noodles (8 ออนซ์ ก๋วยเตี๋ยวข้าวบาง ๆ)
- 1 lb. large prawns, peeled and deveined (1 ปอนด์ กุ้งตัวใหญ่ปอกเปลือกและ deveined)
- 2 cloves of garlic, minced (กระเทียมสับละเอียด 2 กลีบ)
- 1 small piece of ginger, grated (ขิงชิ้นเล็ก 1 ชิ้นขูด)
- 2 tbsp. vegetable oil (2 ช้อนโต๊ะ น้ำมันพืช)
- 2 tbsp. soy sauce (ซีอิ๊วขาว 2 ช้อนโต๊ะ)
- 1 tbsp. oyster sauce (ซอสหอยนางรม 1 ช้อนโต๊ะ)
- 2 tsp. sugar (น้ำตาล 2 ช้อนชา)
- 1 red bell pepper, thinly sliced (พริกหยวกแดง 1 เม็ด หั่นบาง ๆ)
- 1 yellow bell pepper, thinly sliced (พริกหยวกเหลือง 1 เม็ดหั่นบาง ๆ)
- 2 green onions, thinly sliced (2 หัวหอมสีเขียวหั่นบาง ๆ)
- 1/4 cup cilantro, chopped (ผักชี 1/4 ถ้วยสับ)

INSTRUCTIONS

1. Soak the rice noodles in warm water for 10 minutes, until they are soft. Drain and set aside.(แช่ก๋วยเตี๋ยวข้าวในน้ำอุ่นเป็นเวลา 10 นาทีจนนิ่ม ระบายและพักไว้)
2. In a small bowl, mix together the soy sauce, oyster sauce, and sugar until the sugar is dissolved. Set aside.(ในชามขนาดเล็กผสมซีอิ๊วขาวซอสหอยนางรมและน้ำตาลเข้าด้วยกันจนน้ำตาลละลาย กัน)
3. Heat the oil in a large wok or skillet over high heat. Add the prawns and stir-fry for 2-3 minutes, until they turn pink. Remove the prawns from the pan and set aside.(ตั้งน้ำมันให้ร้อนในกระทะหรือกระทะขนาดใหญ่บนไฟแรง เพิ่มกุ้งและผัดประมาณ 2-3 นาทีจนเปลี่ยนเป็นสีชมพู นำกุ้งออกจากกระทะแล้วพักไว้)
4. In the same pan, add the garlic and ginger and stir-fry for 30 seconds. (ในกระทะเดียวกันเพิ่มกระเทียมและขิงและผัดเป็นเวลา 30 วินาที)
5. Add the red and yellow bell peppers and green onions to the pan and stir-fry for 2-3 minutes, until they are slightly softened.(เพิ่มพริกหยวกสีแดงและสีเหลืองและหัวหอมสีเขียวลงในกระทะแล้วผัดประมาณ 2-3 นาทีจนนิ่มเล็กน้อย)
6. Add the soaked and drained noodles to the pan and stir-fry for 2-3 minutes, until they are heated through.(ใส่เส้นก๋วยเตี๋ยวที่เปียกโชกและสะเด็ดน้ำลงในกระทะแล้วผัดประมาณ 2-3 นาทีจนร้อนผ่าน)
7. Push the vegetables and noodles to one side of the pan and add the sauce mixture to the other side. Bring the sauce to a simmer, then mix everything together.(ดันผักและเส้นก๋วยเตี๋ยวไปด้านหนึ่งของกระทะแล้วใส่ส่วนผสมซอสลงไปอีกด้านหนึ่ง นำซอสไปเคี่ยวแล้วผสมทุกอย่างเข้าด้วยกัน)
8. Add the prawns back to the pan and stir-fry for another minute, until they are heated through. (ใส่กุ้งกลับเข้าไปในกระทะแล้วผัดต่ออีกนาทีจนร้อน)
9. Remove the stir-fry from the heat and stir in the cilantro.(นำผัดออกจากเตาแล้วคนให้เข้ากันในผักชี)
10. Serve the stir-fry immediately, garnished with additional cilantro and green onions if desired.(เสิร์ฟผัดทันทีโรยหน้าด้วยผักชีและหัวหอมสีเขียวเพิ่มเติมหากต้องการ)

DEEP-FRIED FISH WITH CHILLI SAUCE PLA RAD PRIK (ปลาราดปริก)

INGREDIENTS (ส่วนผสม)

- 4 white fish fillets (such as cod or haddock) (เนื้อปลาสีขาว 4 ชิ้น (เช่น ปลาค็อดหรือปลาแฮดด็อก)
- 1 cup all-purpose flour (แป้งอเนกประสงค์ 1 ถ้วยตวง)
- 1 tsp. salt (เกลือ 1 ช้อนชา)
- 1 tsp. black pepper (พริกไทยดำ 1 ช้อนชา)
- 1 tsp. paprika (1 ช้อนชา พริกขี้หนู)
- 1 cup beer or club soda (เบียร์ 1 ถ้วยหรือโซดาคลับ)
- Vegetable oil, for frying (น้ำมันพืชสำหรับทอด)

Chili Sauce (น้ำพริก)

- 1/2 cup sweet chili sauce (ซอสพริกหวาน 1/2 ถ้วยตวง)
- 2 tbsp. soy sauce (ซีอิ๊วขาว 2 ช้อนโต๊ะ)
- 2 tbsp. rice vinegar (น้ำส้มสายชูข้าว)
- 1 tsp. sesame oil (น้ำมันงา 1 ช้อนชา)
- 1 tsp. grated ginger (ขิงขูด 1 ช้อนชา)
- 1 clove garlic, minced (กระเทียม 1 กลีบสับละเอียด)
- 1/4 tsp. red pepper flakes (optional)

INSTRUCTIONS

1. In a shallow dish, mix together the flour, salt, pepper, and paprika.(ในจานตื้นผสมแป้งเกลือพริกไทยและพริกขี้หนูเข้าด้วยกัน)
2. In a separate dish, mix together the beer or club soda.(ในจานแยกต่างหากผสมเบียร์หรือโซดาคลับเข้าด้วยกัน)
3. Dip the fish fillets in the beer mixture, then coat them in the flour mixture. (จุ่มเนื้อปลาลงในส่วนผสมเบียร์ จากนั้นเคลือบลงในส่วนผสมแป้ง)
4. Heat about 2 inches of vegetable oil in a deep pan or Dutch oven over medium-high heat until a thermometer inserted in the oil reaches 350°F.(ความร้อนประมาณ 2 นิ้วของน้ำมันพืชในกระทะลึกหรือเตาอบดัตช์ผ่านความร้อนปานกลางสูงจนเทอร์โมมิเตอร์ใส่ในน้ำมันถึง 350 ° F)
5. Carefully add the fish to the hot oil and fry for about 3-4 minutes per side, or until golden brown and cooked through.(ใส่ปลาลงในน้ำมันร้อนอย่างระมัดระวังแล้วทอดประมาณ 3-4 นาทีต่อด้านหรือจนเป็นสีเหลืองทองและสุกผ่าน)
6. Remove the fish from the oil and drain on a paper towel-lined plate.(นำปลาออกจากน้ำมันแล้วสะเด็ดน้ำบนแผ่นกระดาษเช็ดมือ)
7. To make the chili sauce, mix together the sweet chili sauce, soy sauce, rice vinegar, sesame oil, ginger, garlic, and red pepper flakes (if using) in a small saucepan over medium heat.(ในการทำซอสพริกให้ผสมซอสพริกหวานซีอิ๊วน้ำส้มสายชูข้าวน้ำมันงาขิงกระเทียมและพริกแดงเข้าด้วยกัน (ถ้าใช้) ในกระทะขนาดเล็กบนไฟร้อนปานกลาง)
8. Heat the sauce until it comes to a simmer, then remove from the heat.(ความร้อนซอสจนมาถึงเคี่ยว, แล้วลบจากความร้อน.)
9. Serve the fish with the chili sauce on the side or drizzled on top.(เสิร์ฟปลากับซอสพริกที่ด้านข้างหรือฝนตกปรอยๆด้านบน)

SERVES
4 (บริการ: 4)

COOK
15 minutes
(15 นาที)

PREP
30 minutes
(30 นาที)

DEEP-FRIED SPRING ROLL POH PIA TOD (โพห์เปียท็อด)

INGREDIENTS (ส่วนผสม)

- 8 spring roll wrappers (8 ห่อปอเปี๊ยะ)
- 1 cup finely chopped cabbage (กะหล่ำปลีสับละเอียด 1 ถ้วย)
- 1 cup finely chopped carrots (แครอทสับละเอียด 1 ถ้วย)
- 1 cup finely chopped mushrooms (เห็ดสับละเอียด 1 ถ้วย)
- 1/2 cup finely chopped onions (หัวหอมสับละเอียด 1/2 ถ้วยตวง)
- 1/2 cup finely chopped scallions (ต้นหอมสับละเอียด 1/2 ถ้วยตวง)
- 2 cloves of garlic, minced (กระเทียมสับละเอียด 2 กลีบ)
- 2 tbsp. soy sauce (ซีอิ๊วขาว 2 ช้อนโต๊ะ)
- 1 tbsp. sesame oil (น้ำมันงา 1 ช้อนโต๊ะ)
- Salt and pepper, to taste (เกลือและพริกไทยเพื่อลิ้มรส)
- 1 egg, beaten (for sealing the rolls) (ไข่ 1 ฟองตี (สำหรับปิดผนึกม้วน))
- Oil for deep-frying (น้ำมันสำหรับทอด)

INSTRUCTIONS

1. In a large mixing bowl, combine the cabbage, carrots, mushrooms, onions, scallions, garlic, soy sauce, sesame oil, salt, and pepper. Mix well.(ในชามผสมขนาดใหญ่รวมกะหล่ำปลีแครอทเห็ดหัวหอมต้นหอมกระเทียมซีอิ๊วน้ำมันงาเกลือและพริกไทยผสมให้เข้ากัน)
2. Lay a spring roll wrapper on a clean work surface with a corner facing you. Place 2-3 tablespoons of the vegetable mixture on the wrapper, about 1 inch from the corner closest to you.(วางกระดาษห่อปอเปี๊ยะบนพื้นผิวการทำงานที่สะอาดโดยให้มุมหันหน้าเข้าหาคุณ วางส่วนผสมผัก 2-3 ช้อนโต๊ะลงบนกระดาษห่อประมาณ 1 นิ้วจากมุมที่อยู่ใกล้คุณที่สุด)
3. Roll the wrapper tightly around the filling, tucking in the sides as you go. Brush the top corner with the beaten egg to seal the roll.(ม้วนกระดาษห่อให้แน่นรอบ ๆ ไส้โดยซุกไว้ด้านข้างในขณะที่คุณไป แปรงมุมด้านบนด้วยไข่ที่ตีแล้วเพื่อปิดผนึกม้วน)
4. Repeat this process with the remaining wrappers and filling.(ทำซ้ำขั้นตอนนี้กับกระดาษห่อและไส้ที่เหลือ)
5. In a deep-fryer or large pot, heat oil to 350°F. Carefully place the spring rolls in the hot oil and fry for 2-3 minutes, or until golden brown and crispy.(ในหม้อทอดหรือหม้อขนาดใหญ่ ให้ตั้งน้ำมันให้ร้อนที่ 350 ° F วางปอเปี๊ยะลงในน้ำมันร้อนอย่างระมัดระวังแล้วทอดประมาณ 2-3 นาทีหรือจนเป็นสีเหลืองทองและกรอบ)
6. Remove the spring rolls from the oil with a slotted spoon and drain on paper towels. (นำปอเปี๊ยะออกจากน้ำมันด้วยช้อน slotted และระบายบนผ้าขนหนูกระดาษ)
7. Serve hot with sweet chili sauce or soy sauce for dipping.(เสิร์ฟร้อนกับซอสพริกหวานหรือซีอิ๊วสำหรับจิ้ม)

CONCLUSION (บทสรุป)

The Thai Recipe Cookbook offers excellent recipes to please any palate. The recipes are easy to follow and can be made with either fresh or store-bought ingredients. (ตำราอาหารสูตรไทยนำเสนอสูตรอาหารที่ยอดเยี่ยมเพื่อเอาใจเพดานปากสูตรอาหารนั้นง่ายต่อการติดตามและสามารถทำด้วยส่วนผสมที่สดใหม่หรือซื้อจากร้านค้า)

The book also includes helpful tips and tricks for making the best Thai dishes possible. With its comprehensive collection of recipes and practical advice, the Thai Recipe Cookbook is an invaluable resource for anyone exploring the delicious world of Thai cuisine. (หนังสือเล่มนี้ยังมีเคล็ดลับและเทคนิคที่เป็นประโยชน์ในการทำอาหารไทยที่ดีที่สุดเท่าที่จะเป็นไปได้ ด้วยการรวบรวมสูตรอาหารที่ครอบคลุมและคำแนะนำการปฏิบัติตำราอาหารไทยเป็นแหล่งข้อมูลอันล้ำค่าสำหรับทุกคนที่สำรวจโลกแห่งความอร่อยของอาหารไทย)

Made in the USA
Columbia, SC
21 December 2023

29271027R00038